AF249282

RÉFLEXIONS

SUR LE

PAR

J. VAILLANT

Réflexions sur le Paupérisme.
Organisation d'une Société humanitaire à créer en France.
Moyen d'atténuer le vice de l'ivresse.
Moyen d'organiser une garde de sûreté dans une ville.
Récompense au service militaire.
Du timbre sur les métaux précieux au point de vue
de la concurrence étrangère.

PARIS

GLADY FRÈRES, ÉDITEURS

10, — Rue de la Bourse. — 10.

—

1872

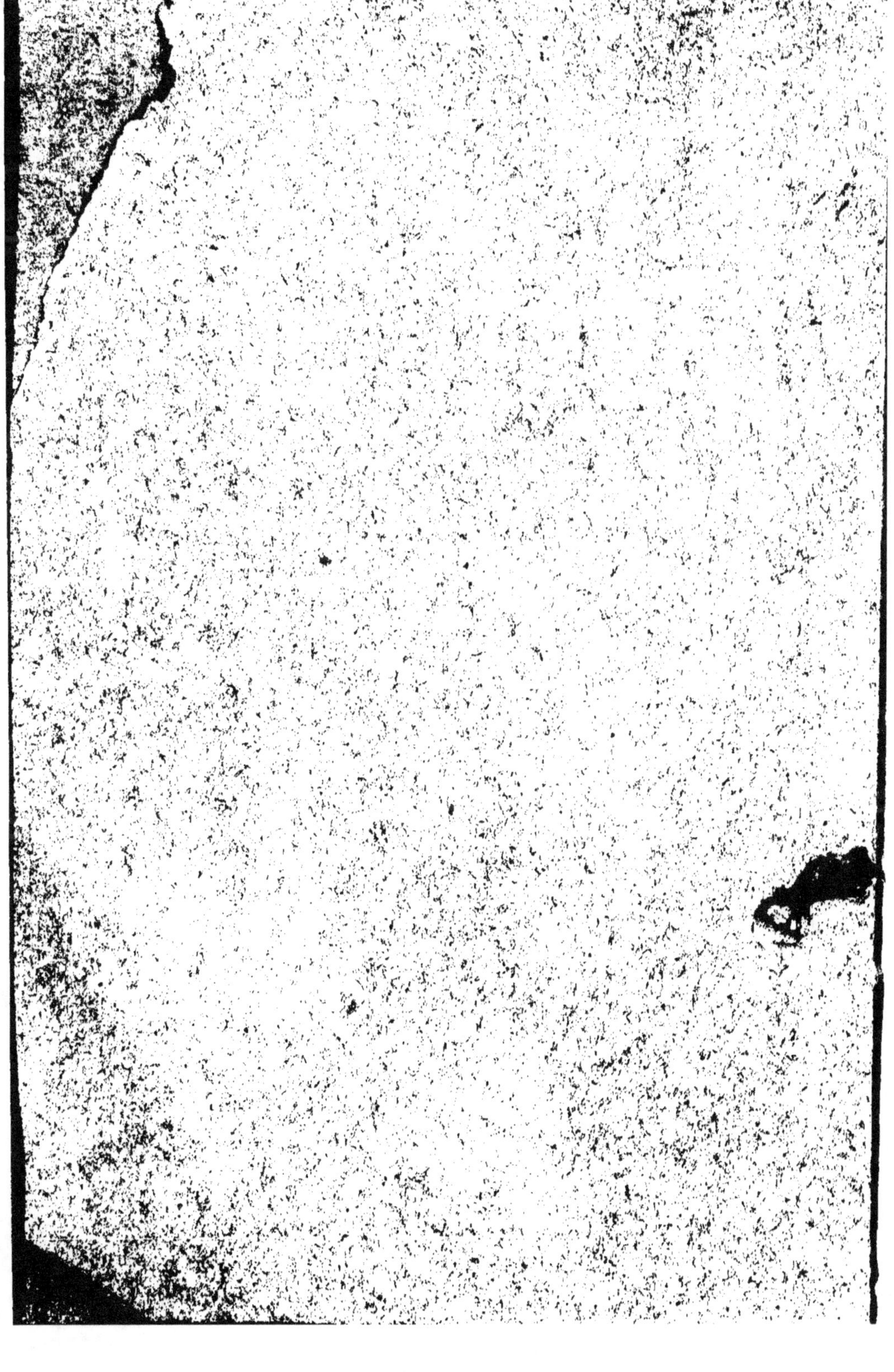

REFLEXIONS

SUR LE PAUPÉRISME

PARIS

IMPRIMERIE BALITOUT, QUESTROY ET C[o]
7, rue Baillif, et rue de Valois, 18

RÉFLEXIONS

SUR LE

PAUPÉRISME

PAR

J. VAILLANT

Réflexions sur le Paupérisme.—Organisation d'une
Société humanitaire à créer en France.
Réflexions sur le moyen d'atténuer le vice de l'ivresse.
Moyen d'organiser une garde de sûreté
dans une ville.
Récompense au service militaire.
Du timbre sur les métaux précieux au point de vue
de la concurrence étrangère.

PARIS

LIBRAIRIE DU XIXe SIÈCLE

GLADY FRÈRES, ÉDITEURS

10, — Rue de la Bourse, — 10.

1872

AU LECTEUR

—

Je me suis occupé, pendant les longs mois du siége de Paris, à jeter sur le papier des idées que je crois utiles pour arriver à l'extinction du paupérisme, — cette plaie hideuse de notre société, cause naturelle de tous les crimes et délits qui se commettent et des révolutions qui se succèdent.

J'indique des moyens que je crois faciles à employer. Mon grand amour de l'humanité me fait espérer que les penseurs et les philanthropes qui me liront me sauront gré de revenir sur cette question, qui devrait primer toutes les autres, et dont la solution seulement peut sauver les sociétés.

C'est en vain que l'on réprimera, que l'on cherchera des palliatifs; il faudra, bon gré mal gré, arriver par des moyens pratiques à soulager les déshérités de la fortune, de la santé et de l'intelligence.

Pendant vingt années, je me suis consacré à l'administration *d'un Comité de bienfaisance* dans une des grandes capitales de l'Europe, et j'ai acquis la conviction qu'il serait facile, avec la charité que l'on se doit, d'éviter une grande partie des malheurs et des souffrances qui attristent l'humanité.

RÉFLEXIONS

SUR LE

PAUPÉRISME

« La Richesse est débitrice de
la Misère. »

CONSIDÉRATIONS SUR LES MOYENS A EMPLOYER POUR
ARRIVER A L'EXTINCTION DU PAUPÉRISME.

I

Dès le berceau, les hommes sont inégaux entre
eux ; tel arrive au monde fort et bien constitué,
tel autre naît ou faible ou infirme.

Cette inégalité physique chez l'enfant s'accuse
chaque jour davantage ; au fur et à mesure qu'il
avance dans la vie, les instincts et les aptitudes
ne sont plus les mêmes et, sitôt que l'intelligence
anime ce corps faible, vous voyez chaque être
prendre de l'empire sur les autres, s'abaisser devant eux, ou rester dans un terme moyen.

L'inégalité sociale, loi fatale de l'humanité, prend sa source dans la conformation physique et dans les aptitudes de l'esprit.

Cette inégalité existe partout, dans le règne animal comme dans le règne végétal; rien ne saurait la faire disparaître; elle est un décret immuable de la Providence.

Mais c'est à en combattre les plus funestes effets parmi nous que nous devons appliquer tous nos efforts. Les richesses de la nature ont été mises par le Créateur à la disposition de tous, et tous ont des droits égaux au banquet de la vie. C'est là une vérité impossible à contester, d'où découlent avec évidence les devoirs de fraternité, de charité des heureux envers les déshérités. Ceux d'entre nous qui, à l'aide soit de leur travail, de leur intelligence, soit des caprices de la fortune ou des hasards de la naissance, sont favorisés de la possession des biens de la terre, ont l'obligation morale de mettre leur superflu à la disposition de ceux qui en sont privés et de leur faciliter tous les moyens possibles de les acquérir à leur tour. Celui qui possède est aussi obligé envers le pauvre que le savant l'est à l'égard de l'ignorant.

Devrait-il y avoir dans le voisinage des favorisés de la fortune quelqu'un souffrant de la faim et du froid? Si chacun de nous voulait diriger vers ce but élevé un peu des efforts que nous mettons à satisfaire un caprice, une fantaisie, il n'y aurait pas un de nos semblables dont l'existence matérielle ne fût assurée.

Dans une société civilisée doit-il y avoir des membres dont on ne s'occupe pas, vivant à l'aventure, sans abri et sans pain? Non! nous devons nous occuper de secourir les malheureux et nous le pouvons aussi bien par l'aide moral que par des dons matériels.

La nation n'est qu'une grande famille se décomposant en une infinité d'autres de moins en moins importantes : la Province, le Département, le Canton, la Commune, pour arriver enfin à l'union intime de quelques individus.

Dans ces cercles si divers, les devoirs de chacun, comme citoyen au point de vue politique, ne sont pas les mêmes ou du moins ils peuvent varier, tandis que, comme hommes au point de vue de l'humanité, ils sont identiques : de même nature ; quoiqu'ils affectent notre cœur d'une manière plus ou moins vraie. Ce sentiment sublime qu'on appelle le patriotisme, impossible à analyser, car, en quoi les querelles d'hommes situés à deux cents lieues peuvent-elles en toucher d'autres? En quoi l'affront fait à un drapeau à l'autre bout du monde peut-il intéresser quelques habitants d'un village. Ce sentiment sublime, dis-je, qui enflamme nos cœurs, n'est pas autre chose que l'amour de la famille agrandi, et se reportant sur la communauté entière.

Qu'arrive-t-il en effet dans une famille dont le chef, à la hauteur de sa sainte mission, comprend sérieusement ses devoirs. On veille avec la plus attentive vigilance sur la vie de l'enfant, et aussitôt que son petit corps peut supporter la fatigue on s'occupe de cultiver sa jeune intelligence ; puis, lorsqu'il devient grand, il a reçu le maximum d'éducation qu'il était possible de lui donner, on a bien vite observé ses penchants, les tendances ou aptitudes de son esprit, on s'occupe à le faire entrer dans la grande mêlée de la vie sociale par une voie en rapport avec ses goûts, la plus honorable et la plus fructueuse possible.

La position choisie, le jeune homme en place ; la vigilance du bon père ne cesse pas de l'accompagner, il l'aide de son expérience, de ses conseils, de son temps et de sa bourse. S'il chancelle, il accourt lui apporter son appui : aux douleurs du cœur, aux incertitudes de l'esprit, il apportera les tendresses de son affection paternelle, ainsi que les sages principes d'une morale douce et élevée.

Enfin, si l'enfant poursuivi par l'adversité, ne réussit à rien, — perd : santé, intelligence ou fortune — le foyer paternel lui restera ouvert, et l'on y élargira de nouveau le cercle qui s'était resserré à son départ.

La société doit agir de même à l'égard de chacun de ses membres, qui tous, selon leurs facultés, peuvent lui apporter profit ou satisfaction. Le travail quel qu'il soit de chacun d'eux tournant en définitive au profit de tous, l'obligation morale est ainsi doublée par la certitude d'un retour profitable.

La nature des secours que la société doit donner à ses enfants, comporte donc deux grandes divisions : l'une regardant la morale ; l'autre s'occupant des besoins matériels. Nous allons les examiner séparément.

II

Chez les Romains et parmi la plupart des peuples de l'Antiquité, même encore au moyen âge, dans certaines contrées, l'autorité paternelle, n'avait pas de limite, elle allait jusqu'au droit de mort.

La civilisation moderne a fait disparaître ces coutumes barbares, mais en limitant les pouvoirs du chef de famille, elle a réservé à la société représentée par des lois, la toute-puissance attribuée primitivement au père.

Jadis celui-ci disposait en maître souverain de ses enfants, et selon sa fantaisie, il les traitait en bon père ou en maître sévère ; il les élevait pour lui succéder dignement, ou il les vendait comme esclaves.

Sa volonté, qu'elle fût dirigée par la raison ou le caprice, ne rencontrait jamais d'obstacle.

De nos jours, la société use de ce pouvoir absolu ; des pénalités, qui vont jusqu'à la condamnation à mort, peuvent être appliquées par la justice. L'Etat ne s'empare-t-il pas de l'enfant dès qu'il est adulte, pour en faire un soldat, et de la sorte ne dispose-t-il pas souverainement de ses jours.

Comment la société, s'arroge-t-elle ce droit ? Elle n'a pas comme le père donné la vie à l'enfant ; elle n'a pas veillé sur ses premiers pas. — Elle ne lui a pas appris à parler, à distinguer le bien du mal, — à reconnaître une Providence maîtresse de nos destinées.

Elle le prend sans l'avoir formé ; on pourrait dire par droit de conquête, et une fois qu'elle l'a pris, il lui appartient pour toujours.

Que lui offre-t-elle en revanche comme compensation ? Elle lui garantit la liberté d'agir, selon la limite des lois, bien entendu.— Elle lui assure, la paisible jouissance des biens qu'il pourra acquérir à la condition qu'il lui en soit payé une dîme, sous forme d'impôts. Elle le protégera autant que possible contre les embûches qui seraient tendues à sa vie ou à sa fortune. Pour tout résumer elle lui prend une partie de sa vie, quelquefois la vie elle-même et ne lui donne en retour que la sécurité.

Cela suffit-il? Si la collectivité de nos intérêts exige impérieusement que l'Etat, qui nous représente tous, dispose souverainement de l'enfant devenu citoyen, n'avons-nous pas le pressant devoir de nous occuper de ses jours et de son éducation? La société s'étant emparée de la toute-puissance paternelle, en a par là même, assumé la responsabilité aussi bien que ses devoirs.

De ce qui précède, on peut voir que nous sommes avec une profonde conviction pour l'instruction obligatoire. D'ailleurs, n'avons-nous pas encore, en notre pays de suffrage universel, un motif aussi puissant que celui de l'humanité pour vouloir que tout homme sache enfin lire, écrire et penser raisonnablement sur lui-même et sur les intérêts généraux de son pays? Quel est celui de nous qui consentirait, de gaîté de cœur, à se ranger sous le sceptre d'un de ces rois fantasques qui commandent aux peuplades encore sauvages? Aucun assurément. Pourtant, il faut convenir que le suffrage universel, tel qu'il est institué et tant que la majorité des électeurs croupira dans une profonde ignorance, n'offrira pas plus de garanties de sagesse et d'intelligence que la barbarie ou les superstitions d'une majorité hottentote.

Il serait facile, ce nous semble, d'arriver à cette importante réforme. Dans notre pensée, et c'est ici que repose à peu près toute la base de notre projet, chacune des grandes divisions de la famille sociale : le département, le canton, la commune formeraient, les reliant naturellement entre eux, des comités humanitaires composés des citoyens les plus influents par la fortune, par l'intelligence, le mérite ou une considération justement acquise. Ceux-ci s'imposeraient la tâche honorable de remplir les devoirs de paternité et de fraternité envers tous leurs concitoyens.

Les membres de ces comités, s'interposant pour ainsi dire entre les droits : les pouvoirs du père et ceux de la société, s'occuperaient avec vigilance de l'instruction de tous les enfants de la commune. Ils visiteraient les plus humbles chaumières et, tout en secourant les parents malheureux, obtiendraient d'eux que leurs enfants fréquentassent l'école. S'il était prouvé que le travail de l'enfant apporte des ressources indispensables à la maison, on ne l'obligerait à venir s'instruire que pendant le temps strictement nécessaire et l'on chercherait à indemniser les parents, soit par des secours en argent, en nature, soit en leur procurant à eux-mêmes des travaux plus productifs.

Quelques membres du comité seraient désignés tour à tour pour suivre les progrès des enfants à l'école et les encourager autant que possible. A ceux dont les familles seraient les plus nécessiteuses et qui auraient montré le plus d'intelligence, la meilleure volonté, on chercherait à les encourager dans une carrière de leur choix, et d'après leurs aptitudes physiques et morales.

Les comités ne cesseraient pas de veiller paternellement sur leur jeunes pupilles. Mais leur devoir s'étendrait plus loin encore : Veiller sur les enfants ne les dispenserait pas de s'occuper des parents, ils seraient en réalité, chacun chez eux, les frères de leurs concitoyens.

Si quelqu'un vient à commettre une faute grave, qui appelle sur lui les rigueurs de la justice, doit-on l'abandonner de suite aux gendarmes, et, en le déshonorant ainsi à tout jamais, empêcher son retour à la vie paisible et respectée ? Souvent cet homme s'est oublié ; la nature chez lui n'est point mauvaise ; sa raison était égarée, quand il a frappé son voisin ; la passion l'a rendu fou ; il n'a pas su se rendre compte de ce qu'il faisait en brisant, ou escaladant pendant la nuit.

Le magistrat, en pareil cas, ne va pas sonder le cœur. Il ne doit s'occuper que du fait matériel, et, ce qui est pardonnable d'un côté, devient irrémissible devant la loi. Or, la loi, on le sait, n'est pas toujours d'accord avec la raison et bien moins encore avec la charité, qui est notre suprême devoir à tous. On peut aller plus loin et dire que, fréquemment, la loi néglige l'intérêt général ou n'en tient pas assez compte.

Il serait facile de citer une foule de cas à l'appui de ce que nous avançons, en est-il un parmi nous qui n'ait pas eu connaissance de jugements sincères, parfaitement légaux, et, cependant, blessant les sentiments de raison, de justice, que la main de Dieu a gravés dans nos cœurs.

Il serait aisé de s'étendre sur ce sujet, et, quoiqu'il se rattache à celui qui nous occupe, nous laissons à d'autres, plus autorisés, le soin de prouver la nécessité d'une réforme des lois pénales.

Nous ne doutons pas, d'ailleurs, que nos législateurs au milieu de la tâche immense qui leur incombe à la suite des désastres de notre pays, ne portent leur attention sur ce point si intéressant.

Ce que nous espérons ardemment, c'est que des comités humanitaires soient chargés d'une juridiction dans le genre de celle attribuée aux juges de paix, mais plus étendue que celle-ci et au-dessus d'elle.

Ainsi, dans le cas dont nous avons parlé plus haut, ne serait-il pas bien préférable de voir les membres des comités, qui connaissent de longue date tous les habitants de la commune, appeler devant eux le coupable, l'admonester avec plus ou moins de sévérité suivant la faute commise, lui infliger au besoin une peine qui, en le châtiant, donnerait satisfaction aux personnes lésées par lui.

L'influence du comité, s'il s'agissait d'obtenir un bon mouvement de la part du coupable, serait assurément immense, et, là où les lois ne peuvent rien, le comité obtiendrait presque toujours une complète satisfaction.

Le volé recouvrerait son bien, sans que le voleur fût déshonoré. La jeune fille serait épousée sans que sa faute fût publique, quant au coupable croyez bien que les sages réprimandes, les sévères admonestations, parties de la bouche de concitoyens qu'il respecte et qu'il voit chaque jour, frapperaient davantage son esprit et aurait bien mieux raison de ses penchants à mal faire, que la prison et tout l'appareil de la justice.

N'y a-t-il pas une tendance dans chaque criminel, à mettre en suspicion ses juges ? Il se dit que ces personnes habillées autrement que lui, parlant un langage qui n'est pas le sien, paraissant vivre d'une autre vie que celle ordinaire, ne peuvent pas comprendre ses actions, les impulsions intimes de son cœur ou de son esprit, et il arrive à se convaincre qu'il a été condamné à tort, et cette conviction, en l'exaspérant contre la société, contre ceux qui sont au-dessus de lui, le pousse à se mettre en guerre sourde avec les lois sociales ; il devient alors tout à fait criminel.

Cet homme, au contraire, jugé par d'autres hommes auxquels il a confiance, est obligé de s'avouer coupable, car il a pu leur parler à cœur ouvert, il sait qu'il a été compris, et lui-même sait où il a manqué. — On lui a démontré la gravité de sa faute, on lui a montré le chemin fatal où elle peut l'entraîner et il en a compris les conséquences. Il vient à se méfier de lui, à se surveiller, à s'amender enfin !

Puis, au lieu de maudire dans son cœur ceux que la fortune, l'éducation ont fait ses supérieurs, il les estime. Il sait qu'ils agissent en frères. N'y aurait-il pas dans cette réforme de nos coutumes le germe d'une réconciliation, d'une fusion de sentiments ; aussi bien que l'intérêt entre la classe de ceux qui possèdent et de ceux qui ne possèdent pas. Cette dernière, en voyant les riches prendre soin d'elle, veiller à ses besoins de toute nature, l'instruire, améliorer son sort, n'aurait plus de motifs de haine contre elle.

La société se sauverait par là du grand péril qui semble constamment la menacer depuis un demi-siècle.

Ces simples comités aboutissant à un si grandiose résultat, nous remettent en mémoire les immortelles paroles du grand apôtre Paul.

Accablé sous le faix des ans, il se faisait encore transporter au milieu des fidèles et ne leur disait que ces mots : « Aimez-vous les uns, les autres ! » Comme ses disciples lui faisaient remarquer qu'il répétait toujours la même chose, il leur répondit que cette maxime résumait tout l'enseignement du Christ.

Il avait mille fois raison, l'homme a besoin de l'amour de son prochain, l'égoïsme étant la principale cause de la dégénérescence des peuples. En instituant des comités humanitaires, la Société ferait à la fois acte de religion et de politique. Elle résoudrait tous les problèmes sociaux en faisant naître et en entretenant des sentiments affectueux et d'estime mutuelle entre tous ses enfants : heureux ou malheureux, faibles ou puissants.

III

Ayant indiqué à grands traits dans quelles directions nous comprenons que doivent être institués des secours moraux, nous passerons maintenant à l'examen des secours matériels.

D'abord, nous devons faire une distinction entre les dons (soit en nature, soit en espèces) et le travail — ou les moyens de travail.

A l'homme qui ne subit la misère qu'à la suite de circonstances l'ayant privé de travail, il est évident que le premier soin des comités sera de lui en procurer de nouveau, tout en le secourant momentanément par des dons en nature.

Pour cela chaque comité nommera une commission qui tiendra une liste des ayant-droits, demandant du travail ou un emploi quelconque avec annotations contenant toutes les indications d'âge et de précédents désirables. Chacun des membres de la commission ayant, par sa situation personnelle, une foule de relations de toute nature, se fera un devoir de procurer à celui-ci du travail, à celui-là un emploi. Il est plus que probable qu'aussitôt que la commission aura quelque temps d'existence, sa peine sera nulle pour le placement des nécessiteux. On viendra de toutes parts s'adresser à elle et assurément les demandes devanceront les offres. Par leur composition ces comités pourront aisément venir en aide à tous ceux qui cherchent du travail — suivant leurs aptitudes — à l'artiste encore inconnu comme au modeste employé ou à l'humble ouvrier.

Quant aux malheureux momentanément incapables d'un travail quelconque, on ne pourra leur venir en aide que par des dons en argent ou en nature.

Dans chaque comité, la commission nommée aura le devoir, après la distribution des secours nécessaires à la vie, de faire une enquête som-

maire, si elle n'a pas déjà connaissance exacte de
la situation des réclamants. Suivant les besoins,
elle procédera à des distributions de vêtements
ou de vivres, ou accordera une subvention en
argent, soit journalière, soit hebdomadaire, ou
mensuelle et à domicile pour les pères et mères
de famille.

Il serait encore possible, pensons-nous, de fon-
der, dans tous les centres un peu populeux, des
établissements alimentaires économiques, des pe-
tits restaurants à prix fixe ou des bouillons, et
rien n'empêcherait au besoin de faire une con-
vention avec des établissements semblables existant déjà. Aux heures convenues pour les distributions, un membre de la commission viendra
veiller à ce que tout se passe en bon ordre, et, en
échange de *bons* ou au moyen de cartes *ad hoc,* on
délivrerait aux nécessiteux des vivres sains et
bien préparés gratis ou aux prix de revient, suivant les décisions prises à leur égard.

Resterait encore la classe des vieillards et des
malades absolument dépourvus de tout : sans
pain comme sans abri. A ceux-là nous croyons
qu'on pourrait procurer le logement aussi bien
que la nourriture.

Lorsque les ressources des comités auraient acquis une importance suffisante, les comités achè-
teraient ou loueraient des immeubles et les amé-

nageraient de telle sorte qu'il serait possible d'y entretenir beaucoup de monde à peu de frais. Ce seraient là des maisons d'asile où les malades seraient bien soignés et à bon compte et où les vieillards et les infirmes termineraient leur vie en paix.

IV

Après avoir développé très succinctement notre pensée à l'égard des secours que nous croyons indispensables de mettre à la disposition de nos frères malheureux, il nous reste à indiquer comment et par quels moyens nous croyons qu'il serait possible de trouver les ressources nécessaires pour y parvenir.

Les membres des comités seraient d'abord tenus pour y être admis de verser annuellement une somme fixe qui serait de moitié moins élevée pour les femmes. Ainsi, nous pensons qu'en parlant de 100 francs pour chaque membre du comité, on ne saurait être exagéré.

Puis viendraient les dons offerts par les personnes qui s'intéresseraient à l'œuvre, ainsi, que les collectes faites à domicile. Chaque année un bulletin imprimé signalerait le nom des donataires et le chiffre des offrandes recueillies.

Dans cette façon de procéder aux collectes, il y aurait, nous en sommes convaincus, un stimulant tout naturel et prouvé par l'expérience, car si un bon mouvement du cœur n'est pas rare, on peut bien dire que l'amour-propre existe partout.

Combien de fois n'arriverait-il pas que les dons seraient doublés ou triplés sous l'empire de ce sentiment?

Chacun voudrait ne pas paraître moins généreux que son voisin ou son ami.

Prendre l'homme par tous les côtés accessibles est légitime pour un pareil but.

Ces moyens de ressources procureraient assurément des sommes importantes ; mais combien n'en trouverions-nous pas de plus considérables, si de sots préjugés n'existaient pas ?

Si l'on pouvait tirer un parti élevé et profitable des vices inhérents à notre nature : le jeu et la curiosité seraient, par exemple, deux vices faciles à exploiter.

Paris, le rendez-vous à la mode de l'univers, ne possède pas de maisons de jeux autorisées ; nos lois les proscrivent sévèrement. Aussi que se passe-t-il ? il se crée une foule de tripots où règnent en maîtres les plus éhontés fripons, les Grecs les plus exercés, où des hommes et des femmes indignes font métier, moyennant salaire, d'attirer le joueur naïf qui s'y trouve promptement dépouillé. Là accourt pour se faire voler honteusement l'étudiant, l'étranger, et tous ceux que la passion agite ; ils en sortent fiévreux, malades, bien heureux quand, outre la santé, les économies, la fortune, ils n'y laissent pas l'honneur et la vie !

Quelle est donc la raison qui a dictée au législateur la cause de tout ce mal? C'est, dit-on, pour ne pas encourager le vice.

Pourtant il en est bien d'autres autorisés et réglementés. Quoi qu'il en soit, nous avons la conviction que c'est là une idée fausse, car la moindre expérience prouve que le plaisir défendu est le plus envié, et qu'il suffit presque toujours qu'une chose soit défendue pour qu'on la recherche avec ardeur.

Dans tous les cas, forcer les gens à se cacher pour satisfaire un penchant irrésistible, n'est-ce pas les pousser à être doublement vicieux.

Certains légistes, de bonne foi assurément, ne veulent pas le rétablissement des jeux à Paris. Pourtant c'est l'endroitt où, dirigés par la Société humanitaire, ils seraient le plus fructueux. Je les voudrais en un lieu splendide, vrai séjour de fêtes et de plaisirs. — Mais laissons-leur cette manière de penser. — Pour nous, l'essentiel est qu'ils soient rétablis dans le but que nous indiquons et si ce n'est à Paris au moins dans les villes d'eau principales de France : à Vichy, à Aix (en Savoie), Biarritz, Bagnères, Nice, Enghien, Dieppe, et autres villes suivant le projet de M. Emile Badoche.

Toutes les villes feraient une loyale concurrence aux villes des bords du Rhin, et les millions français qui s'expatrient nous resteraient forcément, car Dieu sait si le paysage et le jeu excepté on s'ennuie sur les bords du Rhin. Les jeux à Paris ne devraient pas effrayer davantage, dès qu'ils seraient dirigés par la Société humanitaire, tous les profits devant revenir au ministère de l'Humanité.

Alors on pourrait poursuivre sans relâche les tripots et maisons clandestines. Le jeu loyal, autorisé, sous la surveillance du gouvernement et la direction de la Société Humanitaire, éviterait toutes les calamités et les petites infamies des joueurs sur parole.

Puis les jeux fermeraient régulièrement à minuit, le joueur rentrant chez lui, livré à lui-même, réfléchirait et souvent se corrigerait.

En moralisant, pour ainsi dire, cette passion, en lui donnant une satisfaction modérée, en l'interdisant aux gens malheureux; ce que le riche oisif jette pour passer quelques instants de plaisir, ce que le vicieux sacrifie à satisfaire un penchant, reviendrait tout naturellement aux comités chargés de soulager les déshérités.

Ensuite il en résulterait un profit réel pour le pays, de sorte qu'aucun Français n'irait au dehors porter ses richesses ; tout au contraire, une masse considérable d'étrangers seraient attirés dans Paris et nos villes d'eaux. Leurs dépenses feraient prospérer mille industries. Et nos villes d'eau, délaissées depuis quelques années, pourraient à l'avenir rivaliser avec Bade, Ems, Hombourg et Monaco.

Fumer est moins nuisible que jouer ; tous deux sont inutiles : sachons donc en tirer parti.

Par ces quelques développements sur les ressources possibles à tirer du jeu, nous espérons être arrivés à convaincre les gens qui n'ont pas de parti pris. Le préjugé qui s'oppose à l'exploitation des vices de l'homme, quoique sanctionné par la loi, n'est pas fondé sur la raison, sur la connaissance du cœur humain, et dans tous les cas, *il est légitime de prendre au vice pour donner au malheur !* Nous nous berçons du même espoir en abordant un sujet qui répugne non moins à nos mœurs et à nos coutumes, nous voulons parler de l'exploitation de la curiosité.

Chacun sait que l'intérêt, l'orgueil et la curiosité sont les trois grands mobiles qui font mouvoir les hommes ; s'ils avilissent les uns, ils élèvent les autres. Ils inspirent l'action la plus basse, comme ils déterminent les plus nobles, les plus grands, les plus généreux mouvements de l'âme.

Mais ici nous n'envisageons la curiosité qu'au point de vue ordinaire ; nous ne suivrons ni le savant, ni l'explorateur de pays inconnus, notre curiosité est plus modeste ou plus terre à terre.

Partout existent des collections, des musées riches d'objets précieux, des monuments qu'on ne peut visiter sans payer ! N'est-il pas vrai, cependant que ces riches curiosités sont propriétés de la nation ou de la ville où elles se trouvent? Chacun ne devrait-il pas avoir le droit d'y entrer? Si l'administration prélève un droit sur la curiosité du public, elle le fait dans l'intérêt de ce public même.

Pourquoi n'en ferait-on pas autant dans le but de se procurer des ressources pour venir en aide aux malheureux?

— Mais, dira-t-on, comment composer un musée d'objets assez précieux pour exciter la curiosité?

Ici j'éprouve quelques scrupules à dire toute ma pensée ; grâce à ma conviction bien solidement établie que toute curiosité quelle qu'elle soit doit rapporter un soulagement à celui qui souffre et être exploitée en ce sens. — Je fais fi des pseudo-humanitaires et je poursuis ma pensée entière !

J'entends parler de l'abolition de la peine de mort. De grandes discussions aussi intéressantes par l'élévation du sujet que par le talent de ceux qui l'ont traité, se sont produites à ce sujet, dans l'ancien comme dans le nouveau monde ; dans la presse comme à la tribune. Déjà plusieurs Etats ont aboli la peine de mort en matière criminelle, presque tous l'ont abolie en matière politique. L'humanité est donc en train de faire ce nouveau pas vers le progrès. — Nous ne doutons pas que chez nous, la peine de mort n'existera bientôt plus qu'à l'état de souvenir, ou dans les annales judiciaires, à côté de la torture, des jugements de Dieu et de la détention préventive.

Raisonnant sur ce point de départ, nous disons que le devoir de la société étant de tirer parti de tout pour le profit du plus grand nombre, et, d'un autre côté, qu'on doit infliger aux grand crimes les plus grandes punitions possibles; on devrait décider l'introduction dans le nouveau Code pénal, de l'exposition publique permanente avec une rétribution pécuniaire destinée au soulagement des malheureux.

Point de doutes que certains criminels célèbres ne rapportassent ainsi des sommes considérables. Qui ne serait allé voir Papavoine, Lacenaire, Castaing, Dumollard, La Pommeraye, Troppmann et tant d'autres. L'un d'eux seulement aurait rapporté des millions aux malheureux.

Il y a certainement beaucoup de personnes qui répugnent à cette idée d'exposer le criminel, dans la crainte même qu'il ne tire de cette curiosité une cynique glorification.

Mais serait-ce une objection sérieuse.—Les journaux qui exploitent le scandale et les détails du crime, ne suffisent-ils pas à l'orgueil bestial de l'assassin ?

N'avons-nous pas vu les journaux d'Angleterre, d'Allemagne et même d'Amérique, reproduire avec une complaisance coupable, les péripéties du drame dont Troppmann fut l'exécrable auteur?

Eh bien! eût-il été plus célèbre, si on l'eût exposé? Non, mais les malheureux pouvaient compter sur un million ou deux!

Il en est qu'un semblable projet blessera ; ils crieront au scandale et au manque d'humanité !

Que ceux-là réfléchissent : les assassins qui échappent à la mort et qui sont condamnés au bagne, ne sont-ils pas constamment visités, au bagne, par les milliers de visiteurs de tous les pays?

L'exposition des criminels, si l'on veut bien y réfléchir, n'a rien qui blesse la nature, l'humanité ou la raison. L'exposition existe de fait au bagne et dans les prisons. Il ne reste donc, pour en tirer parti, que le plus facile à faire : obtenir l'autorisation légale et faire payer partout où la curiosité est excitée.

Il nous reste encore un moyen pour obtenir des ressources, et ce moyen, admis partout, quoique restreint dans quelques pays, pourrait nous produire des sommes considérables : il s'agit des *Loteries*. Il nous faudrait, par exemple, une organisation de loterie spéciale, puisque nous la prendrions comme un des éléments certains de notre revenu humanitaire, et rien ne nous serait plus facile. Outre les objets de toute nature que les personnes charitables pourraient offrir comme lot dans ce but, il faudrait attribuer aux premiers numéros sortants des sommes vraiment importantes, car toujours, d'après le principe que nous avons émis, il faut prendre l'homme par tous les côtés accessibles pour lui faire faire le bien.

Supposons deux tirages par an avec des lots, s'élevant ensemble à un million. Le premier s'élèverait à 200,000 fr. et les derniers de 500, 200, et même de 100 fr.

Les billets ne coûteraient rien à placer, leur placement se ferait directement par les membres du comité.

Nous aurions bien encore à indiquer d'autres moyens pouvant fournir des ressources, comme, par exemple, les fêtes à organiser au profit des malheureux, les bals, les concerts qui se donneront dans le Palais de l'Humanité.

ORGANISATION D'UNE SOCIÉTÉ HUMANITAIRE A CRÉER EN FRANCE.

Afin de mieux toucher l'esprit de ceux qui ont bien voulu parcourir ces pages, avec quelque indulgence pour l'auteur et beaucoup de bienveillance pour le but à atteindre, nous croyons utile de résumer nos idées par l'exposition d'un plan d'organisation des « comités humanitaires » à former à Paris, et dans toute la France.

Nous espérons prouver par là combien facile serait une pareille institution et quels énormes services elle rendrait à tous : aux nécessiteux en leur offrant des secours fraternels qui, dans aucun cas, ne blesseraient la dignité la plus susceptible ; aux riches, en leur fournissant les moyens sûrs de voir employer utilement ce que leur générosité donnerait au malheur de leurs frères ; à tous, en faisant disparaître à jamais le paupérisme et la mendicité. La mendicité surtout qui, dans les grandes villes, est trop souvent une honteuse exploitation de la sensibilité des passants et une école de paresse, de vol et de débauche.

Dans ce but, il serait fondé pour toute la France une grande société à laquelle nous proposerions de prendre le nom de *Société humanitaire*.

Cette société humanitaire serait dirigée par un ministre nommé par l'Assemblée nationale ou par les présidents des comités d'arrondissements, puis on laisserait à chaque arrondissement, canton, commune, le droit d'élire son président.

Une semblable organisation ayant à sa tête les personnes les mieux posées dans chaque localité, atteindrait vite le but que je me propose.

Dans chaque ville, la même organisation. Le comité se réunirait au moins une fois par mois au chef-lieu d'arrondissement ou de canton. Il y aurait naturellement une maison d'asile dans chaque canton pour les vieillards, les enfants, les malades, en un mot un asile ouvert à tous ceux qui sont dans l'impossibilité de travailler.

Ces institutions humanitaires auraient encore l'avantage de rapprocher les gens des campagnes qui vivent isolés.

Les fêtes données au bénéfice de l'Œuvre humanitaire, rapprocheraient forcément les habitants des villages et des campagnes.

En empêchant l'isolement on détruirait l'égoïsme. En se fréquentant les paysans arriveraient à développer leur intelligence, tant au point de vue politique qu'au point de vue social.

A Paris, l'administration serait centralisée afin d'obtenir l'unité désirable et se diviserait par arrondissement, section et îlot.

Toute personne, pour être admise dans la société serait tenue de s'engager à verser une cotisation annuelle de 100 fr. au moins.

Les membres de la Société habitant dans le même îlot nommeraient un chef d'îlot et deux ou trois sous-chefs pris parmi eux, et tous les membres de la section se réuniraient pour élire le chef de section, également choisi parmi les habitants de la section.

Quant au chef d'arrondissement, ce serait tout naturellement le maire ou un membre auquel ce titre appartiendrait.

Les curés seraient de droit, sans aucune cotisation, membres de la Société, et feraient partie de la section dans laquelle se trouverait située leur paroisse. Il en serait de même de tous les médecins, à la condition toutefois qu'ils prissent l'engagement de donner gratuitement leurs soins aux pauvres secourus par l'association.

Les chefs et sous-chefs d'îlot sous la présidence du chef de section, se réuniraient en comité au moins deux fois par mois. Les secrétaires et trésoriers assisteraient aux séances avec voix délibérative.

Le maire, comme chef d'arrondissement, réunirait sous sa présidence, autant de fois qu'il le jugerait convenable, les chefs de section et les chefs d'îlot de son arrondissement.

Dans la première réunion, il serait nommé à la

majorité des voix un secrétaire et un trésorier d'arrondisssement, à prendre bien entendu parmi les secrétaires de l'arrondissement.

Le maire ou le préfet de Paris serait le président de la Société ou le *membre élu.*

Il réunirait en assemblée, selon les besoins, tous les maires ou chefs d'arrondissement, les secrétaires et trésoriers d'arrondissement, et, s'il le jugeait nécessaire, les chefs de section.

Il y a là, comme on le voit, toute une hiérarchie administrative.

Qu'on ne se récrie point à l'idée du « ministère de l'humanité », à coup sûr il n'y aurait pas de ministre plus utile et plus occupé que celui qui accepterait ce poste honorable.

Les femmes seraient admises à faire partie de la Société, moyennant une cotisation annuelle qui serait moitié moindre que celle fixée pour les hommes (50 fr.).

Dans chaque section la Société aurait au moins un poste ou bureau où viendraient chaque jour, à tour de rôle, trois membres, et un employé salarié préposé à la tenue des registres. Ce serait à la fois un poste de secours et un bureau de placement et de renseignements.

Toute personne qui s'y adresserait pour obtenir secours, emploi ou protection, devrait donner tous les renseignements possibles sur son individualité :

les noms, âge, demeure, profession, lieu de naissance, antécédents.

Le chef de section ou le chef d'îlot de service visiterait le poste au moins une fois par jour, il désignerait celui des membres de garde qui devrait au besoin aller porter des secours à domicile.

Chaque membre de la Société humanitaire pourrait prendre une ou plusieurs familles pauvres sous son patronage. Il serait leur aide, leur conseil, leur appui, il surveillerait à l'instruction et à l'apprentissage des enfants.

Tout individu arrêté en état de mendicité ou de vagabondage serait avant aucune poursuite judiciaire amené au chef de section qui le ferait assister, s'il en avait besoin, et lui désignerait un protecteur. On ne l'abandonnerait à la rigueur des lois que dans le cas de récidives obstinées ou de fautes graves.

Par ce moyen commencerait à être mise en exécution, l'idée que nous avons développée dans les pages précédentes sur les attributions à donner à nos comités humanitaires, en ce qui concerne la répression et sur la nécessité de réformer les lois pénales.

Lorsqu'une pareille organisation aurait fonctionné quelque temps, tous les habitants d'un îlot, d'une section, arriveraient à se connaître, à s'estimer, à s'entre aider mutuellement. Est-ce qu'une émeute ne serait pas plus aisément dominée par tous les citoyens membres de l'association que par les efforts de la police et de la troupe ? Ces hommes connus, estimés, respectés, aimés de tous pourraient calmer l'effervescence populaire, car chacun les écouterait avec déférence, on saurait qu'ils sont avant tous les amis des malheureux, et qu'ils ne peuvent que vouloir leur bien.

DISTRIBUTION DES SECOURS

Il serait établi dans chaque section un ou deux établissements simples et propres, dans le genre des bouillons Duval, ouverts de 9 h. du matin à 6 h. du soir.

On emploierait pour le service, des hommes et des femmes secourus par la Société, et on leur allouerait de faibles appointements.

Deux hommes et deux dames membres de la Société seraient de garde chaque jour, à tour de rôle, dans ces établissements, en se partageant la journée, les deux premiers de 9 h. à 1 h. 1/2, et les deux autres de 1 h. 1/2 à 6 h.

Il ne serait servi de consommations qu'aux personnes munies de bons spéciaux, portant le cachet de la section, délivrés soit au poste de secours soit au dehors par les membres de la Société.

La présence d'un homme et d'une dame dans

ces établissements, comme nous l'avons dit plus haut, serait, croyons-nous, d'un excellent effet.

Elle servirait à maintenir l'ordre en cas d'affluence trop grande ou de mécontentement.

Ils veilleraient à ce que le service fût fait le plus convenablement et le plus promptement possible.

A des heures fixées, on y distribuerait également des secours en linge et habillements. Tous les dons en nature seraient centralisés.

En ce qui concerne les secours pécuniaires, il faudrait en donner le moins possible, seulement lorsqu'il y aurait urgence ou impossibilité de distribuer des secours en nature.

Les dons en argent extraordinaires ne devraient pas dépasser à la fois une somme de 100 francs, pour une famille composée de cinq personnes, 25 francs pour une personne seule et 10 ou 15 francs pour un enfant.

Les secours mensuels ne seraient accordés que sur la proposition d'un membre de la Société et après avoir été votés par le comité composé du chef de section et des chefs d'îlot.

Au reste, les secours en espèces ne seraient distribués que selon les ressources de l'association ; mais pourtant, avant de chercher à thésauriser, il faudrait que le strict nécessaire fût accordé à chaque nécessiteux. Si les besoins sont plus grands que les ressources, ce qui n'est, hélas ! que trop à prévoir, eh bien ! on ne pourra économiser pour l'avenir. Ceux qui nous suivront auront à lutter comme nous.

A chaque génération sa peine ; celle qui sera assez heureuse pour économiser facilitera d'autant la tâche de celles qui suivront. Le temps, il faut l'espérer, fera sous ce rapport de grandes améliorations.

Nous n'avons pas eu la prétention (bien loin de là) de donner ici une organisation parfaite de la Société humanitaire dont nous désirons ardemment la formation et à laquelle nous contribuerons dans la mesure de nos forces ; nous avons voulu seulement essayer de frapper davantage l'esprit de ceux qui douteraient de la possibilité de mettre notre idée en pratique, tout en sentant bien pourtant au fond de leur cœur qu'il y a quelque chose à faire et que ce quelque chose doit être fait promptement, que quelqu'un mieux avisé perfectionne notre idée ; trouve, s'il est possible, de meilleurs moyens d'exécuter que ceux que nous prenons la liberté de proposer, il aura tout notre appui. Nous n'avons qu'un seul désir, voir régner parmi tous les hommes cette fraternité simple et digne qui met les membres d'une famille en bon accord, les fait se venir mutuellement en aide, de façon à ce qu'aucun d'eux n'éprouve les cruelles souffrances de l'abandon du froid et de la faim.

Avoir apporté une humble pierre à ce magnifique édifice que l'avenir élevera, nous l'espérons, sera notre vraie récompense, la seule que nous ambitionnons.

COUP D'ŒIL SUR LES DÉPENSES ET LES RESSOURCES PROBABLES DE LA SOCIÉTÉ.

On nous permettra, afin de fixer une base d'appréciation, d'exposer un budget éventuel de la Société, fondé sur les plus grandes probabilités, au moins d'après l'expérience que nous avons faite ailleurs pendant un long séjour dans la capitale d'un grand pays où nous avions, comme membre de la colonie française, fondé une association de ce genre.

Selon nous, la plus grosse part des recettes proviendrait des collectes ou souscriptions volontaires. Si l'on n'oublie pas que notre Société humanitaire établie, nul n'aura à satisfaire personnellement à la demande des nécessiteux ou d'une foule de sociétés soi-disant de bienfaisance, puisque l'on aura toujours soin de renvoyer les premiers au poste de section et de faire observer aux autres qu'elles n'ont pas de raison d'être, il ne paraîtra pas exagéré de compter sur de nombreuses souscriptions, dont beaucoup d'une importance réelle, surtout si l'on songe à l'effet que produiraient les comptes rendus annuels suivis de la liste des souscripteurs, avec le montant de leurs versements.

Nous estimons qu'au bout d'un an ou deux le nombre des souscripteurs approchera de 2 millions y compris les étrangers. Les uns donneront 1,000 francs, les autres 500 francs, beaucoup 50 et 100 francs. Si l'on compte une moyenne de 10 francs par personne, en aura 20 millions de ce chef-là.

Les loteries, organisées sur le pied que nous avons indiqué, donneraient de leur côté 2 millions.

L'impôt de 4 ou 5 pour 100 sur les jeux recueilli dans les troncs ou tirelires ne fournirait pas moins de 1,500,000 francs.

Je voudrais, dans toutes les maisons particulières où l'on joue, de même que dans les clubs et les cercles ; qu'il y ait une tirelire déposée par un des membres de la Société humanitaire. Il n'y a aucun doute que celui qui aurait été heureux au jeu ne quitterait pas la maison, sans avoir déposé un peu de son gain dans la tirelire.

Les bals, fêtes et concerts donnés dans chaque arrondissement, au profit des pauvres, apporteraient aussi un beau contingent.

Nous ne pouvons guère évaluer combien rapporteraient les maisons de jeux, ainsi que l'exposition des grands criminels. Cependant, comme on assure que les maisons de Bade et de Monaco gagnent annuellement de 4 à 5 millions, on peut facilement croire que celle de Paris rapporterait au moins le double, par la raison qu'à Paris on ne cesserait de jouer toute l'année, et qu'il y aurait toujours une affluence quintuple de celle qui existe dans les petites villes de l'étranger. Ces deux ressources de recettes pourraient donc à peu près nous fournir une dizaine de millions.

Résumons :

Collectes et souscriptions ; cotisations des membres.	20,000,000 fr.
Loterie.	2,000,000
Impôt sur les jeux	1,500,000
Fêtes et concerts	100,000
Maison de jeux.	9,000,000
Exposition des criminels . .	1,000,000
Total	33,600,000 fr.

Vous voyez à quel énorme chiffre nous pouvons atteindre en quelques années.

Mais admettons, pour ne pas nous leurrer, que nous ne dépasserons pas 20 millions de francs.

Voici, en regard, à quelles dépenses nous aurons à faire face :

1° Loyers et frais de quatre postes ou bureaux par arrondissement : quatre-vingts postes à 3,000 francs. . . . . 240,000 fr.

2° Quatre-vingts écrivains dans chaque poste, à 1,500 fr. 120,000

3° Quatre-vingts garçons de bureau, à 3 francs par jour environ 90,000

4° Loyers de quatre établissements de distribution de nourriture par arrondissement, en ne les prenant pas dans les rues les plus fréquentées, à 2,000 francs l'un. 160,000

5° Frais d'installation desdits, sans luxe, mais confortable et propre; vaisselle, tables, etc., à 3,000 francs . . . 240,000

6° Frais de chauffage, éclairage, etc. 125,000

──────────

Total. . . . . 975,000 fr.

Mettons en chiffres ronds, si l'on veut, 1 million 200,000 fr. Il nous resterait donc encore près de 19 millions à distribuer annuellement en secours de toute nature, soit plus de 50,000 fr. par jour. Que de bien ne ferait-on pas avec une telle somme intelligemment et minutieusement utilisée ! Ce serait la vie quotidienne de 30,000 malheureux au moins.

Il est entendu qu'un ministère de l'humanité, institué à Paris, serait un rapport direct avec tous les comités fondés dans toute la France ; et en cas d'événements et de grandes catastrophes arrivés dans un département quelconque, un délégué partirait de suite au lieu du sinistre muni d'une somme assez considérable pour pouvoir distribuer les secours les plus urgents.

CONCLUSION

—

On comprend que le cadre restreint de ce petit
volume ne peut pas renfermer tous les détails que
comporte l'organisation d'une grande Société humanitaire ; mais j'ose espérer en avoir dit assez
pour faire comprendre mon but qui devrait être
celui de tous ceux qui ont à cœur de mettre fin à
ce dualisme terrible de la pauvreté contre la richesse. C'est en prenant des mesures humanitaires
préventives que l'on arrivera à empêcher ces hé-
catombes d'hommes, auxquelles viennent s'ajou-
ter les flammes qui dévorent nos monuments his-
toriques et jusqu'à nos demeures.

Supprimons la cause d'abord ; et n'attendons
point le moment d'en combattre les terribles effets.

Sans doute on m'objectera certains détails qui,
au premier abord, paraissent étranges ; mais avant
de me condamner qu'on veuille bien réfléchir à la
grandeur du but que je propose.

Puis, je ne me flatte pas d'avoir dit le dernier mot sur le chapitre des misères humaines et sur les moyens de les faire disparaître ; non je n'ai pas cette prétention ; j'ai voulu apporter ma pierre à l'édifice du grand temple de l'humanité, lequel porte sur son frontispice : « Aimez vous les uns les autres. »

RÉFLEXIONS SUR LE MOYEN D'ATTÉNUER LE VICE DE L'IVRESSE.

Il me paraît facile d'amoindrir ce vice dégradant chez l'être humain, sinon de le faire disparaître entièrement.

J'ai lu plusieurs articles de journaux ayant traité ce sujet, j'ai suivi les discussions des assemblées législatives lorsqu'elles se sont occupées de cette grave question.

Eh bien! je n'ai pas vu que l'on touchât le vrai côté du mal, que l'on mît le doigt sur la plaie, afin de guérir cette terrible maladie.

Toujours des punitions corporelles, l'intervention du gendarme, des tribunaux, la prison, des amendes à payer : de telle façon que l'ivrogne sera mis dans l'impossibilité de travailler. Pendant le temps de sa prison; il sera privé de ses ressources en payant l'amende; on va ainsi à l'encontre du but qu'on se propose.

Je demande sur ce sujet sérieux comme sur bien d'autres dans les mêmes idées, pourquoi n'emploierait-on pas le Conseil municipal, les pompiers de la commune, le garde champêtre à la répression de ce vice?

Pourquoi une loi ne leur donne-t-elle pas le droit d'intervenir? Quel tribunal est plus apte à juger ces questions toutes paternelles? Qui connaît mieux les qualités ou les défauts des habitants de la commune que le Conseil municipal.

A mon point de vue tout ceci serait bien simple, si l'on voulait prendre l'arbre par sa racine, et remonter jusqu'en haut des branches; il est entendu que le père est la souche, si elle est défectueuse l'arbre penche et finit par tomber; pour empêcher le jeune arbre de tomber, il faut lui mettre des tuteurs qui le soutiennent et lui donnent la force de résister, de lutter, contre la tempête.

Pourquoi n'en serait-il pas de même pour l'enfant dont le père est défectueux, donnez-lui des tuteurs, le Conseil municipal, tuteur naturel, protecteur et appui des habitants de la commune, ne devrait dans aucun cas les abandonner, mais bien les aider à se relever s'ils s'inclinent vers l'abîme.

Que l'on fasse une bonne loi, qui donne de grands pouvoirs aux Conseils municipaux; que l'on nous habitue à nous aider, à nous protéger les uns les autres, et l'on sera convaincu de l'efficacité du résultat.

Je ne touche ici que la question de l'ivrognerie; le Conseil municipal connaît tous les habitants de la commune et à peu près tous ceux des communes environnantes, il saura parfaitement si l'individu trouvé ivre a l'habitude de s'enivrer ou si c'est un cas exceptionnel : il peut arriver qu'un homme se trouve ivre sans pour cela avoir beaucoup bu.

En un mot, le Conseil saura lorsqu'il devra intervenir :

1° Par un avertissement à l'individu répréhensible.

2° Le citer à sa barre avec force réprimandes.

3° Par un arrêté ou jugement faire défense aux cabaretiers de la commune, ainsi qu'à ceux des communes environnantes, sous peine d'amendes, de ne délivrer aucune boisson à l'individu condamné (cette condamnation pourrait être de un à trois mois); de même l'affichage du jugement dans les communes environnantes ; de même le curé devrait, au prêche, nommer et blâmer l'individu coupable. Cette punition, quoique douce par elle-même, serait efficace, j'en suis certain.

L'on pourrait pousser la juridiction du Conseil municipal jusqu'au point de désigner un délégué, qui aurait le droit d'intervenir et former opposition sur le salaire de l'ivrogne chez le patron où il travaille.

Le délégué aurait de même la mission de subvenir aux besoins de la famille du condamné avec les fonds de son salaire.

Le Conseil pourrait, au besoin, requérir les pompiers de service pour faire exécuter ses arrêts ; pas un ne refuserait de prêter son concours pour l'ordre et la sécurité publique.

Les votes du Conseil municipal pourraient être secrets pour ses jugements, à seule fin que l'inculpé ne sache pas les noms de ceux des membres qui l'ont condamné.

Ces questions d'une si haute importance doivent être sérieusement étudiées. Cette juridiction, bonne pour les communes ou chefs-lieux de canton, serait plus difficile à appliquer dans les grands centres de population, où l'on se connaît moins.

Dans les villes, pourquoi ne formerait-on pas des associations entre citoyens? il y en a pour la protection des animaux. Pendant le siége de Paris l'on a institué des gardes civiques dans chaque arrondissement, il y avait un certain nombre de sections, divisées elles-mêmes par îlots. L'on était en grand danger, en grand péril, chacun offrait son concours ; nous avons vu des vieillards de 75 ans faire leur devoir de bons citoyens ; faut-il attendre que la maison soit brûlée pour crier au feu ?

Quelques citoyens dévoués, dans chaque îlot, suffiraient à remédier au mal de l'ivrognerie comme à bien d'autres maux ; il serait sans doute difficile d'opérer de la même manière auprès des débitants de boissons dans les villes.

Le chef d'îlot pourrait s'enquérir de renseignements chez les débitants, chez les concierges; il pourrait user de son influence auprès du coupable, et connaître les motifs qui souvent le font boire souvent, hélas! les chagrins de famille, la misère poussent l'individu à l'ivresse. Le délégué aurait la mission de lui remonter le moral, l'aider de ses conseils, de protéger la famille, de diriger les enfants, les placer, leur donner un état selon leur intelligence, leur force physique et morale.

D'après le rapport du chef d'îlot au délégué, au comité de la section, l'individu répréhensible pourrait être appelé et s'entendre condamner à ne pouvoir toucher son salaire chez le patron qui l'occupe, et être mis en tutelle par le conseil civil.

Dans le cas où cette juridiction paternelle n'aurait aucun effet, que l'on aurait employé tous les moyens possibles pour ramener le coupable à la saine raison, il serait toujours temps de l'abandonner à la justice, qui le renfermerait alors dans une maison de correction, où on le ferait travailler autant que possible, en déduisant les frais qu'il occasionne à la maison de correction, le surplus serait délivré à son tuteur qui serait chargé d'aider la famille du coupable.

Au surplus, toutes ces considérations seraient du domaine de la « Société humanitaire. »

RÉFLEXIONS SUR LE MOYEN D'ORGANISER UNE GARDE DE SURETÉ DANS UNE VILLE (1).

Dans tous les centres importants, — à Paris surtout, — malgré le grand nombre d'agents dont peut disposer la police, il se commet la nuit quantité de crimes et de vols.

Combien d'incendies prennent des proportions considérables parce que les secours n'arrivent pas à temps ! Combien enfin d'accidents ont-ils lieu, qui seraient évités, si une meilleure organisation protégeait la sécurité publique !

Pour atteindre ce but, je proposerai la formation d'une garde de nuit, composée de tous les concierges, en désignant à tour de rôle, un homme de garde par chaque dix maisons ; on tirerait

(1) Ces réflexions furent adressées par l'auteur au maire de Paris, le 22 novembre, et à M. le Ministre de l'intérieur le 27 septembre 1870 qui en accusa réception à l'auteur en ces termes :

« Monsieur, je vous remercie de votre communication en date de ce jour.

» J'en ai pris connaissance, et je la transmet à M. le Préfet de Police, qu'elle paraît concerner plus directement.

» Recevez, etc.

» Le chef du cabinet, signé : CHAMBOREAUD. »

avantage de cette organisation pour tous les secours en général, ce serait aussi un moyen de faire que ces citoyens se connussent entre eux et puissent, en cas de besoin, former un groupe d'une certaine force, propre à réprimer les tentatives de désordre qui pourraient se produire dans la rue.

Dans les cas d'incendie, ces hommes, de garde devant leurs maisons, pourraient en se transmettant la nouvelle de l'un à l'autre, dans la direction des postes de pompiers, indiquer en quelques minutes à ces derniers le lieu où doivent se porter les secours ; ce serait un télégraphe humain. Il en serait de même pour requérir les médecins, avertir les postes de police, etc., etc.

Plus j'y réfléchis, plus je suis convaincu du bon résultat que donnerait une pareille organisation.

Les frais qu'elle occasionnerait seraient insignifiants. Car, en admettant un homme de garde chaque nuit par dix maisons ; cela supposerait un homme toutes les cinq maisons, si l'on compte les deux côtés de la rue. Ce serait trois nuits à passer par mois pour chaque homme ; et, fixant la rétribution à 3 francs par nuit, ça ferait 9 francs par mois ou 108 francs par an pour chaque maison ; somme minime à la charge des propriétaires qui s'en arrangeraient avec leurs locataires à la satisfaction de tous.

Car, quelle quiétude et quelle sécurité ne résulteraient-ils pas pour les habitants de la ville, de la certitude où ils seraient désormais de trouver aide et protection à toutes les heures de la nuit !

Il faut aussi considérer que cette modique somme viendrait grandement en aide à tous les concierges; généralement peu payés.

Les gardiens pourraient se faire remplacer par leurs voisins, s'ils se trouvaient empêchés par un motif quelconque.

Dans les maisons gardées par des femmes ou des concierges invalides, on paierait un « gardien remplaçant, » qui pourrait être pris parmi les agents de police ou parmi les hommes qui se feraient inscrire à un bureau *ad hoc*.

Combien ne trouverait-on pas au besoin d'honnêtes ouvriers sans travail, qui seraient très heureux de passer quelques nuits chaque mois, afin de gagner un peu d'argent ?

Il serait bien que ces hommes portassent un signe qui les fît reconnaître : Une casquette suffirait, et comme armes de défense, une bonne canne.

On peut être certain que ce service serait bien fait, puisqu'il serait surveillé par les habitants de chaque maison, rentrant à toutes les heures de la nuit.

On objectera sans doute que la moitié des concierges sont âgés, et, par conséquent, dénués de la force physique nécessaire pour intimider et au besoin retenir les agresseurs. Je crois le contraire, car en général, plus un homme est âgé et faible, plus il en impose, et j'ajouterais à ce sujet cette réflexion : que l'on voit la foule passer indifférente, lorsqu'un agent de police est aux prises avec des malfaiteurs. Il n'en serait plus de même, lorsqu'il s'agirait d'un gardien, simple citoyen. Chacun par sympathie, par devoir et même par intérêt, s'empresserait de lui venir en aide.

Cette institution donnerait une économie très sensible au budget de la Ville, l'on pourrait réduire de beaucoup le nombre des agents de police.

Signé : Vaillant.

RÉCOMPENSE AU SERVICE MILITAIRES.

—

A Monsieur Gambetta, ministre de l'Intérieur, membre du Gouvernement de la Défense Nationale (1).

Monsieur le Ministre,

J'ai l'honneur de vous soumettre les réflexions suivantes, sur un des moyens les plus efficaces à prendre pour contribuer à sauver la France de la situation périlleuse où elle se trouve actuellement plongée.

Sans vouloir jeter un coup d'œil en arrière sur les causes qui ont amené notre affreux désastre, les grandes fautes du régime impérial, la démoralisation qu'il a partout répandue, peut-on s'empêcher de s'écrier : Qu'est devenu ce peuple va-

(1) Cette lettre lui fut adressée le 6 octobre 1870, il en accusa réception dès le lendemain, renvoyant ce projet au ministère de la Guerre.

Il est à regretter que lors de la discussion du projet de loi sur l'Armée, en juin 1872, il n'ait pas été question de la lettre de M. Vaillant.

leureux de 1793? Où sont les héros, les patriotes de cette grande époque? Eh quoi! les enfants de ces hommes ne se réveillent pas aux cris de « République » et de « Patrie » quand cinq cent mille ennemis envahissent le pays.

A tout prix, il faut secouer cette honteuse torpeur et puisque notre génération reste insensible devant tous ces sentiments élevés qui ont fait battre le cœur de nos ancêtres, il faut se procurer des défenseurs en leur assurant le côté matériel de l'existence.

Le problème ne me semble pas difficile à résoudre. Tous les gouvernements depuis cette époque légendaire, se sont appliqués à amollir les mœurs, à énerver les caractères, la devise actuelle est « Chacun pour soi; » pour courir après la fortune et les plaisirs qu'elle procure, tous sont prêts; mais pour affronter les dangers, sauver la patrie, acquérir de la gloire, chacun se dit : On vit très bien sans gloire.

Eh bien! puisque l'intérêt seul domine tout à notre époque, prenons les hommes par leurs intérêts.

Que nul n'ait désormais le prétexte de conserver sa vie!

Que la France consacre une partie de ses immenses ressources à payer ses défenseurs blessés, ou à soutenir ceux dont ils étaient les soutiens!

Les États-Unis l'ont compris ainsi dans leur dernière guerre de sécession. Faisons comme eux, payons largement nos soldats ; il faut que chacun d'eux puisse se dire : Si je suis tué, ma veuve, mes enfants, mon vieux père auront de quoi vivre, et si je suis estropié, je ne serai pas obligé de tendre la main.

Je suis convaincu, monsieur le Ministre, qu'un décret du gouvernement de la Défense nationale, réglant, d'après ces bases, les pensions à accorder aux défenseurs de la patrie ou à leurs familles aurait un grand effet et ranimerait le zèle éteint de tous nos mobiles et de nos soldats de l'armée.

Personne n'oserait contester la légitimité d'une semblable mesure, prise dans l'intérêt national. Aucun gouvernement, aucune chambre ne se refuserait à la sanctionner.

D'ailleurs le sol purgé de nos envahisseurs, la guerre terminée, que d'économies ne pourrions-nous pas faire avec la forme républicaine !

Le budget de la guerre, qui a jusqu'ici pesé si lourdement sur nos finances, et en pure perte, hélas ! ne pourra-t-il pas être considérablement réduit ? Ces réductions dépasseront certainement les 100 ou 150 millions de charges que vous décréteriez par la mesure indiquée, et qui seraient à la disposition d'un nouveau budget de la « Reconnaissance nationale. » Du reste, les années apporteraient bien vite aussi de grands vides dans les rangs des pensionnés. Après un demi-siècle au plus, la France aurait acquitté sa dette sacrée!

Croyez, Monsieur, etc.

Signé : VAILLANT.

. DU TIMBRE SUR LES MÉTAUX PRÉCIEUX AU POINT DE VUE DE LA CONCURRENCE ÉTRANGÈRE.

Monsieur Tirard, député de la Seine.

MONSIEUR,

J'ai appris avec grande satisfaction que vous avez déposé un projet à l'Assemblée nationale, au sujet de l'abaissement du titre de l'or, pour la fabrication de bijoux. Je suis persuadé, Monsieur, que vous rendrez un grand service à la fabrication de la bijouterie française et, par contre, aux intérêts de la France, si vous parvenez à convaincre l'Assemblée de l'utilité majeure de réduire le titre de l'or au même degré que nos concurrents étrangers, de l'Allemagne principalement. Dans ce pays surtout, la fabrication et l'exportation de la bijouterie prennent des proportions énormes au détriment de la France.

Je ne vous parlerai ici que de la Russie, que j'ai habitée vingt-cinq ans.

Avant l'émancipation du peuple russe, ce commerce était insignifiant; depuis, il a pris des proportions considérables, et c'est en quelque sorte l'Allemagne qui a le monopole d'exporter sa bijouterie dans ce pays, à cause du titre réduit de la matière première; le titre de l'or étant, dans les deux pays, à 675 millièmes ou 14 carats, au lieu de 750 millièmes ou 18 carrats en France, ce qui fait environ 25 pour 100 de diminution sur la valeur intrinsèque.

L'on objectera sans doute que cela n'est pas un obstacle à la concurrence, puisque la marchandise française a plus de valeur intrinsèque.

Je répondrai que le consommateur ne sait souvent pas en faire la différence, et puis il n'achète pas un bijou pour le revendre le lendemain : il veut s'orner d'un objet de luxe ; cela lui est souvent indifférent que l'or soit plus ou moins d'une valeur supérieure. Il paie pour son bijou 25 pour 100 de moins, cela l'arrange ; son bijou est à un titre accepté et reconnu par la loi de son pays, cela suffit.

Rien n'empêche les consommateurs exceptionnels de se procurer des bijoux à un titre supérieur; de même le fabricant qui veut produire des marchandises à un titre plus élevé, peut toujours en fabriquer, s'il trouve l'écoulement de sa marchandise. Il en est de même pour les étoffes, les spiritueux et autres : on a des marchandises pures de tout mélange, comme l'on en fabrique avec des mélanges qui en diminuent le prix de revient ; l'on peut objecter encore qu'il y aurait tromperie, si l'on autorisait de fabriquer à un titre plus bas que le titre existant jusqu'à ce jour. Pourquoi y aurait-il plus de crainte à avoir dans ces transactions que dans toutes les autres branches de commerce et d'industrie.

Le fabricant facturerait ses marchandises au titre qu'elles auraient naturellement. Exemple : Est-ce que l'on a vu jusqu'à ce jour des commerçants en pierreries précieuses vendre des pierres fausses pour des pierres fines? Non. Ainsi donc, il en serait de même pour l'industrie de la bijouterie.

Plus vous laissez à l'homme la liberté de tromper impunément, moins il en abuse, tandis qu'il n'a qu'une idée, si vous n'avez pas confiance en lui : c'est de tromper en côtoyant la loi.

Il y a une question, à mon avis très importante ; je ne sais si vous l'avez touchée dans votre projet de loi : c'est cette formalité humiliante, vexatoire pour les fabricants et négociants en bijoux, c'est cette visite domiciliaire que font, selon leur fantaisie, les employés du bureau de garantie, accompagnés d'un commissaire de police.

Cette inquisition est d'un autre temps.

Je suis convaincu que tout cela ne sert qu'à froisser les industriels et les marchands, et à les indisposer contre le Gouvernement, qui fait exécuter la loi.

Peut-être il y aurait un moyen de concilier les précautions à prendre : ce serait de faire comme en Russie, c'est-à-dire que chaque pièce de bijouterie est timbrée au titre qu'elle comporte, à partir de 675 millièmes, plus bas titre. Ainsi, sur les bijoux 750 millièmes, mettre le numéro 18 carats, qui est l'ancienne dénomination, et sur celui à 675 millièmes mettre le numéro 14 carats. L'acheteur verrait de suite à quel titre et à quelle valeur est son bijou.

Il y a aussi un point important sur lequel doit porter son attention. Les traites venant de l'étranger sont soumises à un droit de 1 pour mille.

J'admets que pour la Russie seulement il peut s'exporter pour environ 20 millions de bijouterie ; c'est donc une somme de 200,000 francs qui peuvent rentrer dans les caisses de l'Etat, par le seul fait des timbres mobiles sur les traites.

Je suis convaincu que, si l'Assemblée n'accepte pas votre projet de loi, dans quelques années la France n'exportera pas pour 500,000 francs de bijouterie dans ce grand pays, où la consommation des objets de luxe prend des proportions considérables.

Si ces quelques renseignements peuvent vous encourager, Monsieur, dans l'œuvre que vous avez entreprise, et vous appuyer auprès de vos collègues de l'Assemblée, je serai très heureux d'avoir contribué pour une faible part à une loi qui peut rendre un grand service à notre pays.

Veuillez, etc.

Signé : J. VAILLANT.

Paris, typ. Balitout, Questroy et Cie, 7, rue Baillif.

PARIS

IMPRIMERIE BALITOUT, QUESTROY ET Cⁱᵉ,
7, rue Baillif, et rue de Valois, 18.